이야기로 쏙쏙 한글 익히기 2

듣기 · 읽기 · 쓰기를 한 권에

이야기로 쏙쏙 한글익히기2

머리말

문일지십(聞一知十). '하나를 가르치면 열을 안다'는 뜻의 사자성어입니다. 아이를 기르는 분이라면 내 아이가 이렇듯 총명하기를 바랄 것입니다. 그렇다면 우리는 그 처음이 되는 '하나'에 집중하여야 합니다. 첫 단추를 잘 끼워야 한다는 말처럼, 기초가 되는 처음 학습이 재미있고 백번 이해되고 저장되는 경험으로 남아야 합니다. 이것을 국어의 교육적 측면으로 본다면 '한글 학습'이 바로 그 시작이라고 할 수 있습니다.

《이야기로 쏙쏙 한글 익히기》의 한글 학습은 '올바르게 듣고, 즐겁게 읽고, 정직하게 쓰기'를 목표로 합니다. 올바르게 듣기는 아이의 귀를 열어주는 활동입니다. 음소 문자인 한글의 소리 정보를 입력해 주는 것입니다. 즐겁게 읽기는 능동적인 읽기를 의미합니다. 스스로 또박또박 한 글자, 한 단어, 한 문장을 정성껏 읽는 것입니다. 정직하게 쓰기는 이해의 과정입니다. 대충 아는 것 같다는 느낌에 안주하지 않고 참으로 이해했는지 살피면서 글을 따라 쓰는 것입니다.

국어 실력은 유아기부터 차곡차곡 쌓아 올려야 합니다. 태어나 모국어를 배우는 순간부터 아이들은 이미 준비되어 있습니다. 우리 모국어 한글은 신비하면서도 과학적인 문자입니다. 한글에는 상형, 가획, 합성의 체계적인 원리가 들어 있습니다. 자음과 모음의 결합은 신비롭습니다. 자음은 자녀를 뜻합니다. 부모를 뜻하는 모음이 없이는 저 혼자 소리를 낼 수 없습니다. 이처럼 부모님과 아이가 함께 이 책을 반복하여 활용한다면 아이들은 기특하고 훌륭하게 '한글'이라는 국어의 주춧돌을 놓을 수 있습니다.

짤막하고 귀여운 이야기 네 편을 실은 1권에 이어, 이번 2권에는 한 편의 이야기를 총 3부로 나누어 도토리나무의 성장 과정을 보여줍니다. 조금 더 긴 호흡의 이야기로 때를 따라 변화하는 생명의 경이로움과 함께 언어의 아름다움을 담아내고자 하였습니다. 한 번 보고 끝나 버리는 책이 아니라 듣고 읽고 쓰면서 매 순간마다 새로운 장면을 떠올리고, 반짝이는 생각과 감정을 불러일으키는 책이 되길 바랍니다. 그리하여 비로소 읽기의 기쁨을 온전히 맛볼 수 있다면 좋겠습니다.

다양한 배움의 경험을 제공하는《이야기로 쏙쏙 한글 익히기》를 통하여 즐겁고 확실하게 한글 실력을 다질 수 있습니다. 먼저 듣고 읽는 처음 단계에서는 자음과 모음, 받침의 단계적인 학습으로 자연스럽게 음운의 결합 개념을 배웁니다. 따듯한 그림과 함께 전개되는 이야기를 통해 기승전결 구조와 내용을 이해하도록 합니다. 다음, 간단하지만 핵심적인 문제들을 풀면서 아이가 깨달아 아는 단계까지 나아갑니다. 복잡한 자모음은 따로 한 번 더 연습하고, 마지막 본문 따라 쓰기와 단어 바꿔 쓰기 활동으로 아이의 읽기 경험을 확장합니다. 이제 듣기, 읽기, 쓰기가 한 권에 담긴《이야기로 쏙쏙 한글 익히기》와 함께 우리 아이들의 '문일지십' 문을 활짝 열어 주세요!

저자 이슬

이렇게 활용하세요

첫째 날

듣기와 따라 읽기

책장을 넘기며 이야기 속으로 퐁당 빠져 보세요. 상상력을 자극하는 예쁜 그림, 배경 음악과 효과음이 생동감을 더해 주어요. 이야기를 다 듣고 나면, 천천히 따라 읽기를 하면서 읽기에 자신감을 붙여요.

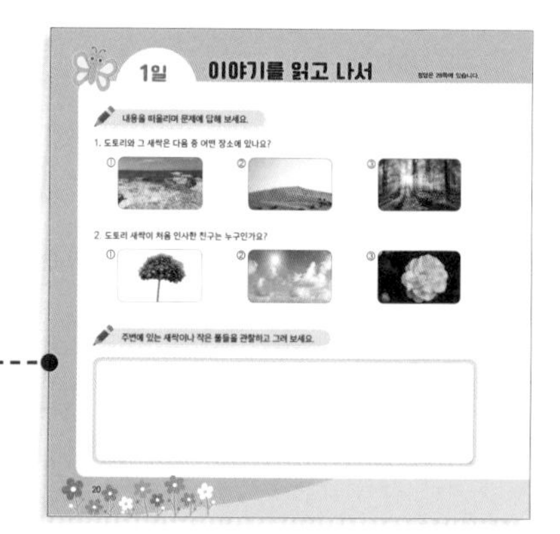

독후 활동

알차게 구성한 독후 활동 문제를 풀며 읽기의 즐거움을 다시 한번 새겨요.

둘째 날

이야기 듣기

첫째 날처럼 이야기를 들으며 시작해요. 다 듣고 나면, 오늘은 나만의 느낌과 속도로 전체 이야기를 혼자 읽어 보아요.

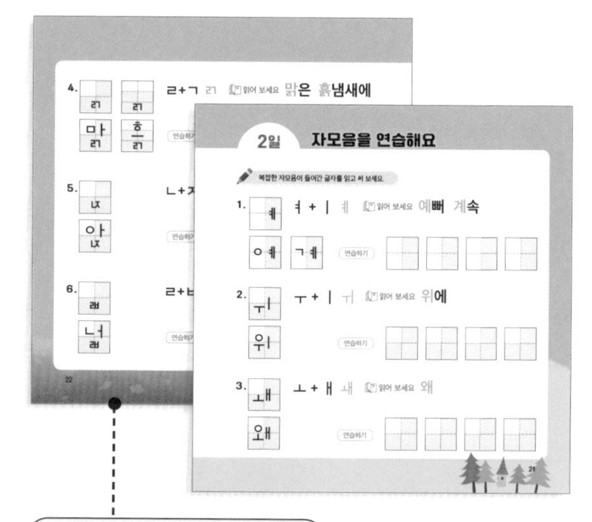

복잡한 자모음 연습하기

복잡한 자음과 모음이 들어 있는 낱말을 읽고, 칸에 맞춰 쓰는 연습을 해요.

셋째 날

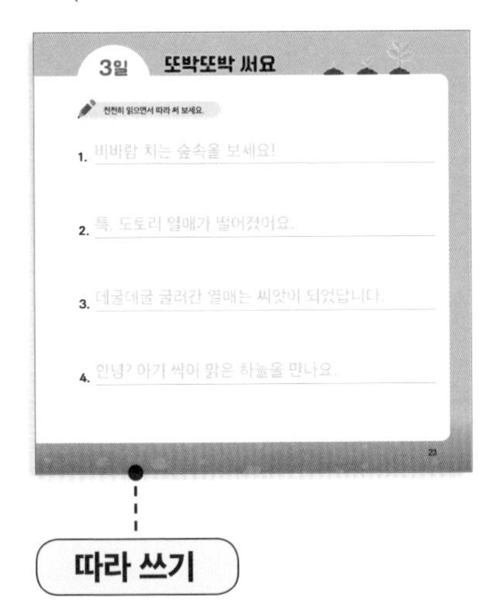

따라 쓰기

셋째 날에는 전날 연습한 복잡한 자모음을 떠올리며 전체 이야기를 천천히 읽으면서 따라 써요.

넷째 날

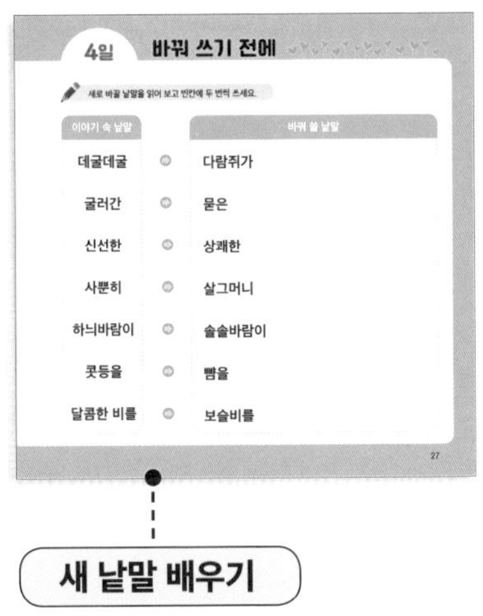

새 낱말 배우기

이야기를 바꿔 쓸 때 필요한 새 낱말을 먼저 익혀요.

이야기 바꿔 쓰기

'내가 만드는 이야기책'을 꺼내요. 셋째 날 따라 쓴 페이지를 참고하면서 새로 배운 낱말을 넣어 이야기를 바꿔 써요.

*학습 정도에 따라 새 낱말 페이지는 보지 않고 받아쓰기처럼 불러 주며 받아 적게 하거나 알고 있는 낱말로 자유롭게 교체하여 쓰도록 할 수 있습니다.

다섯째 날: 복습

다지기

바꿔 쓰기까지 이야기를 다 배우고 나면 틀린 글자를 찾아 고쳐 쓰면서 복습해요. 바르게 고쳐 쓴 다음 큰 목소리로 읽어 보세요.

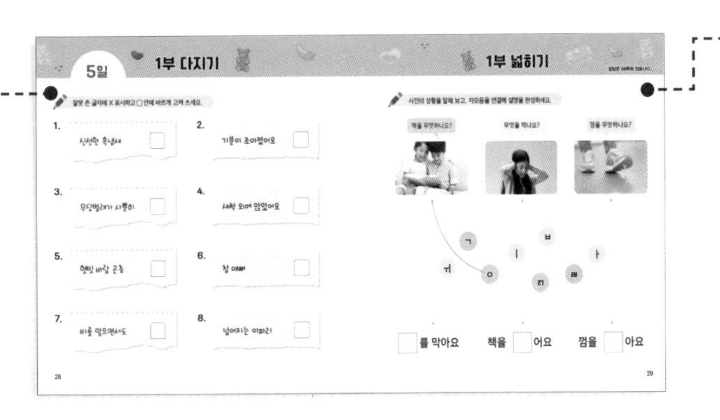

넓히기

사진을 말로 간단히 설명한 다음, 글로 표현한 어구와 연결해요. 먼저 소리 내 말해 보면 복잡한 자모음이 들어 있는 새로운 글자의 조음 원리를 스스로 깨치는 데 도움이 된답니다. 마지막으로 연결한 자모음을 결합해서 빈칸에 글자를 완성해 써요.

차례

1부 처음 만나는 세상

2부 그래도 괜찮아!

3부 크게 외치고 싶어!

1, 2권의 자모음 구성

- 1권에서는 받침 없는 글 다음 홑받침이 있는 글 읽고 쓰기를 배웠어요. 모음도 단계를 구분 지어 배워요. 2권은 더 복잡한 모음, 쌍자음이 받침에 쓰인 쌍받침과 겹받침이 들어 있는 낱말을 넣어 글을 구성했어요.

1권 자음	1권 모음	
	1부 받침 없는 글	2부 받침 있는 글
ㄱ ㄴ ㄷ ㄹ ㅁ ㅂ ㅅ ㅇ ㅈ ㅊ ㅋ ㅌ ㅍ ㅎ ㄲ ㄸ ㅃ ㅆ ㅉ	ㅏ ㅑ ㅓ ㅕ ㅗ ㅛ ㅜ ㅠ ㅡ ㅣ	1부 모음 + ㅢ ㅐ ㅔ

2권 자음	2권 모음
쌍받침: ㄲ ㅆ 겹받침: ㄵ ㄶ ㄺ ㄻ ㄼ ㄾ ㅀ ㅄ	1권 모음 + ㅘ ㅚ ㅙ ㅝ ㅟ ㅞ ㅒ ㅖ

한글 쓰기

받침 없는 글자 쓰기

ㅣ ㅏ ㅑ ㅓ ㅕ ㅐ ㅔ ㅒ ㅖ 는 자음 옆에 써요.

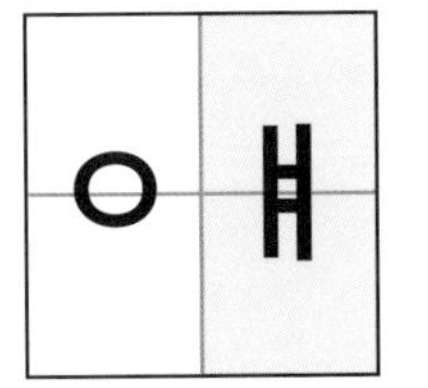

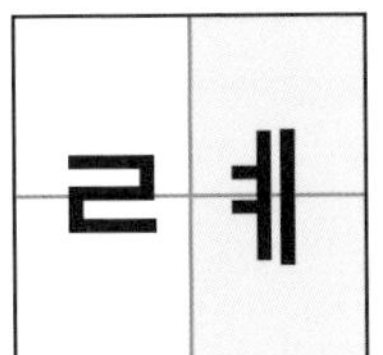

ㅡ ㅗ ㅛ ㅜ ㅠ 는 자음 아래에 써요.

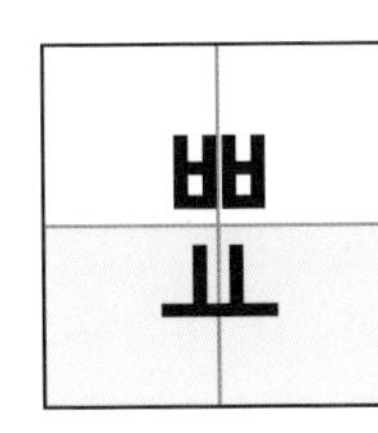

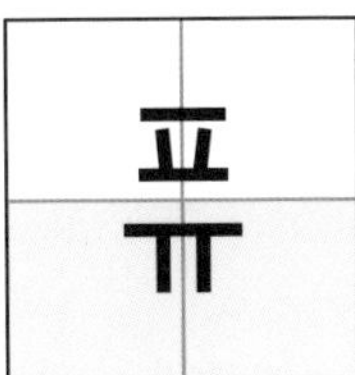

ㅢ ㅚ ㅘ ㅙ ㅟ ㅝ ㅞ 는 아래와 옆을 모두 이용해요.

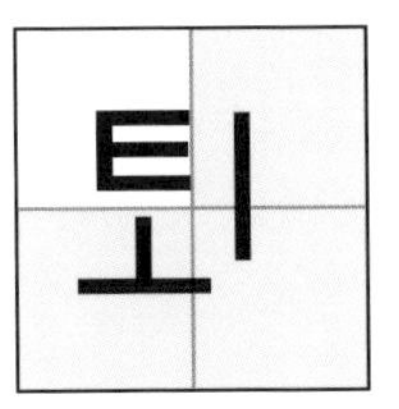

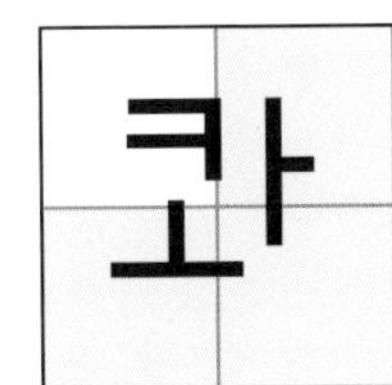

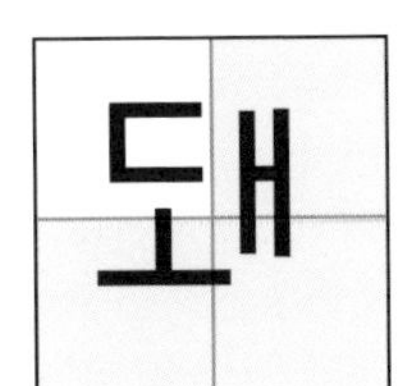

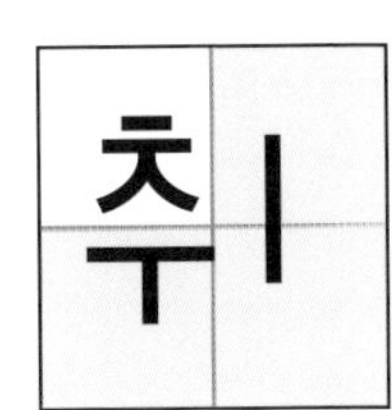

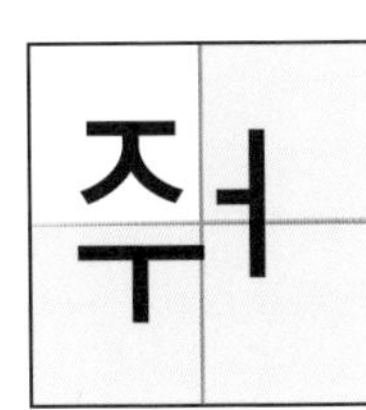

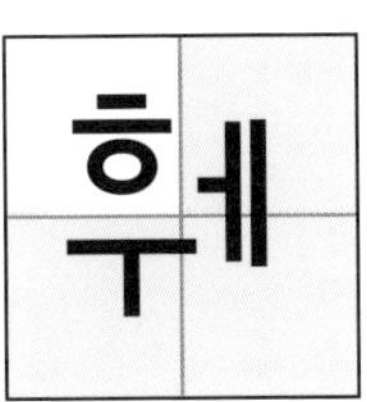

받침 있는 글자 쓰기

- 받침은 모두 자음이고, 하나이든 두 개이든 아래에 써요.

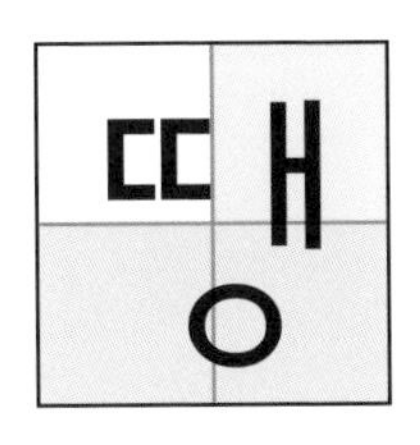

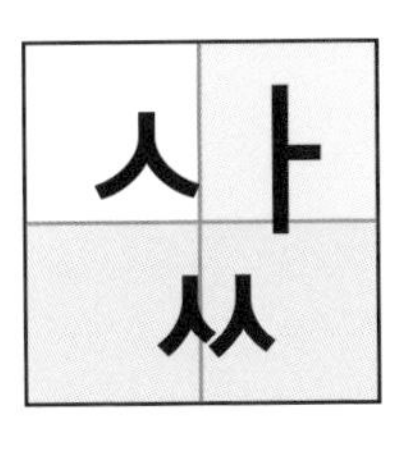

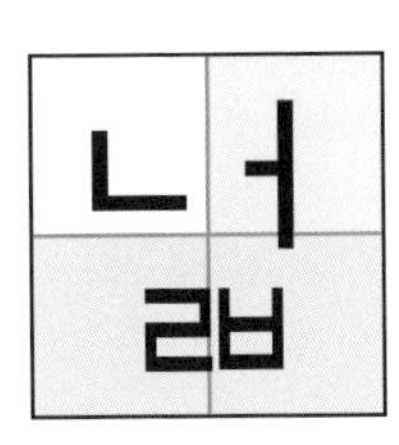

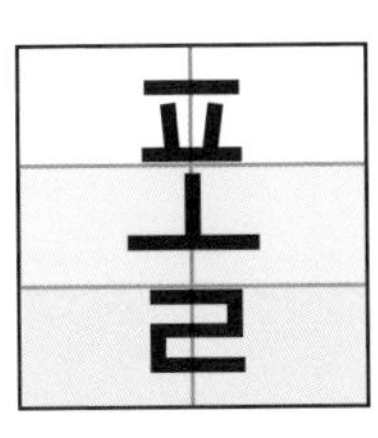

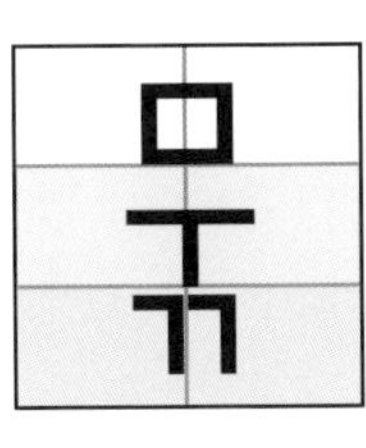

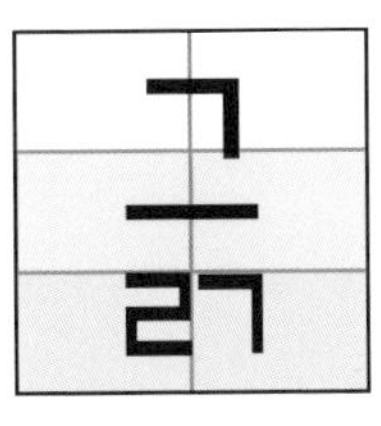

1부

처음 만나는 세상

한 장 넘기면
이야기가 펼쳐져요

1일

이야기를 듣고 따라 읽기 연습을 해요. ☐

이야기의 내용을 잘 이해했는지 알아보아요. ☐

2일

이야기를 듣고 소리 내어 혼자 읽어요. ☐

복잡한 자모음 쓰기를 연습해요. ☐

3일

천천히 읽으면서 한 문장씩 따라 써요. ☐

4일

새로운 낱말을 배우고 써 보아요. ☐

새로 배운 낱말을 넣어 이야기를 바꿔 써요. ☐

비바람 치는 숲속을 보세요!
툭, 도토리 열매가 떨어졌어요.

데굴데굴 굴러간 열매는 씨앗이 되었답니다.

안녕? 아기 싹이 맑은 하늘을 만나요.
쿵쿵 신선한 흙냄새에 기분이 좋아졌어요.
무당벌레가 새싹 위에 사뿐히 내려앉았어요.
하늬바람이 다가와 어린싹의 콧등을
간지럽혀요.
바깥세상은 햇빛도, 바람과 곤충도 참 예뻐.

그런데 우리 엄마, 아빠는 어디에 있을까?
후유! 나는 왜 혼자일까, 정말 외로워.

달콤한 비를 맞으면서도 계속 생각했지요.

넓어지는 이파리만큼 궁금한 마음도 커졌어요.

1일 이야기를 읽고 나서

정답은 26쪽에 있습니다.

내용을 떠올리며 문제에 답해 보세요.

1. 도토리와 그 새싹은 다음 중 어떤 장소에 있나요?

① 

② 

③ 

2. 도토리 새싹이 처음 인사한 친구는 누구인가요?

① 

② 

③ 

주변에 있는 새싹이나 작은 풀들을 관찰하고 그려 보세요.

2일 자모음을 연습해요

복잡한 자모음이 들어간 글자를 읽고 써 보세요.

1. ㅖ

ㅕ + ㅣ ㅖ   읽어 보세요 예뻐 계속

예 계   연습하기

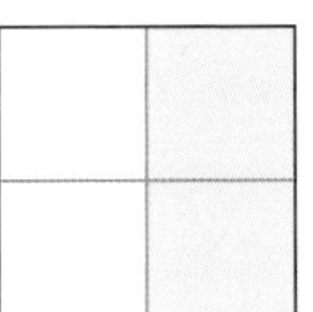
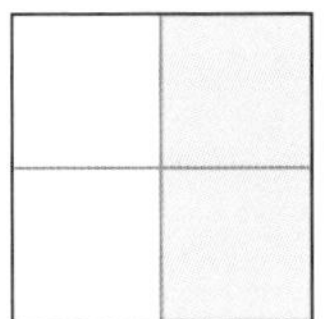

2. ㅟ

ㅜ + ㅣ ㅟ   읽어 보세요 위에

위   연습하기

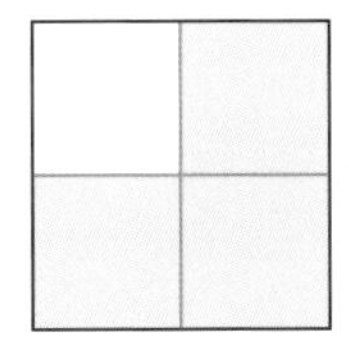
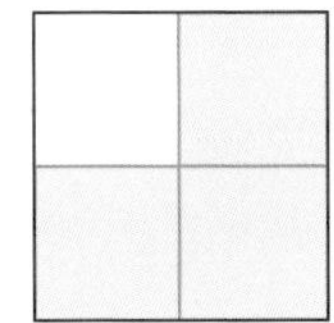
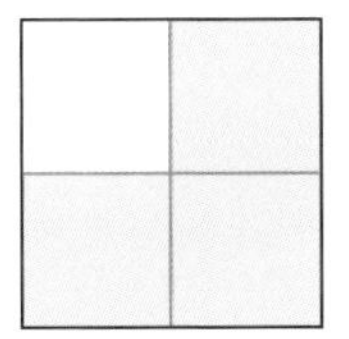

3. ㅙ

ㅗ + ㅐ ㅙ   읽어 보세요 왜

왜   연습하기

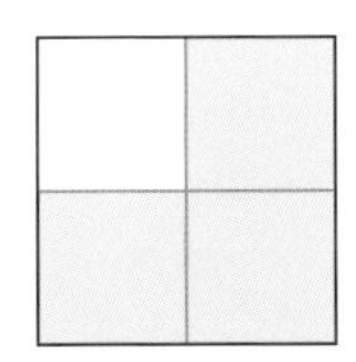
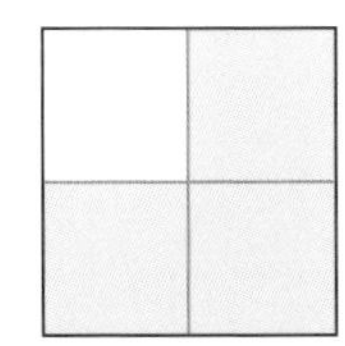

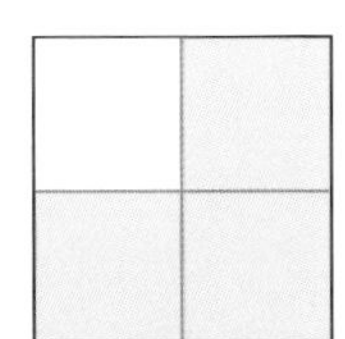

4.
ㄺ
ㄺ
마
ㄺ
흐
ㄺ
ㄹ+ㄱ ㄺ
읽어 보세요 맑은 흙냄새에
연습하기
5.
ㄵ
아
ㄵ
ㄴ+ㅈ ㄵ
읽어 보세요 내려앉았어요
연습하기
6.
ㄼ
너
ㄼ
ㄹ+ㅂ ㄼ
읽어 보세요 넓어지는
연습하기

3일 또박또박 써요

천천히 읽으면서 따라 써 보세요.

1. 비바람 치는 숲속을 보세요!

2. 툭, 도토리 열매가 떨어졌어요.

3. 데굴데굴 굴러간 열매는 씨앗이 되었답니다.

4. 안녕? 아기 싹이 맑은 하늘을 만나요.

5. 킁킁 신선한 흙냄새에 기분이 좋아졌어요.

6. 무당벌레가 새싹 위에 사뿐히 내려앉았어요.

7. 하늬바람이 다가와 어린싹의 콧등을 간지럽혀요.

8. 바깥세상은 햇빛도, 바람과 곤충도 참 예뻐.

9. 그런데 우리 엄마, 아빠는 어디에 있을까?

10. 후유! 나는 왜 혼자일까, 정말 외로워.

11. 달콤한 비를 맞으면서도 계속 생각했지요.

12. 넓어지는 이파리만큼 궁금한 마음도 커졌어요.

어려운 글자를 연습해요

1일 문제 정답: 1. ③ 2. ②

ㄱㄴㄷ 오른쪽 '이야기 속 낱말'을 23-25쪽에서 찾아 동그라미해 주세요.

4일 바꿔 쓰기 전에

새로 바꿀 낱말을 읽어 보고 빈칸에 두 번씩 쓰세요.

이야기 속 낱말		바꿔 쓸 낱말
데굴데굴	→	다람쥐가
굴러간	→	묻은
신선한	→	상쾌한
사뿐히	→	살그머니
하늬바람이	→	솔솔바람이
콧등을	→	뺨을
달콤한 비를	→	보슬비를

잘못 쓴 글자에 X 표시하고 ▢ 안에 바르게 고쳐 쓰세요.

1. 신선한 흑냄새 ▢

2. 기분이 조아졌어요 ▢

3. 무당벌래가 사뿐히 ▢

4. 새싹 외에 앉았어요 ▢

5. 햇빛 바람 곤충 ▢

6. 참 애뻐 ▢

7. 비를 맞으면서도 ▢

8. 넙어지는 이파리 ▢

1부 넓히기

정답은 66쪽에 있습니다.

사진의 상황을 말해 보고, 자모음을 연결해 설명을 완성하세요.

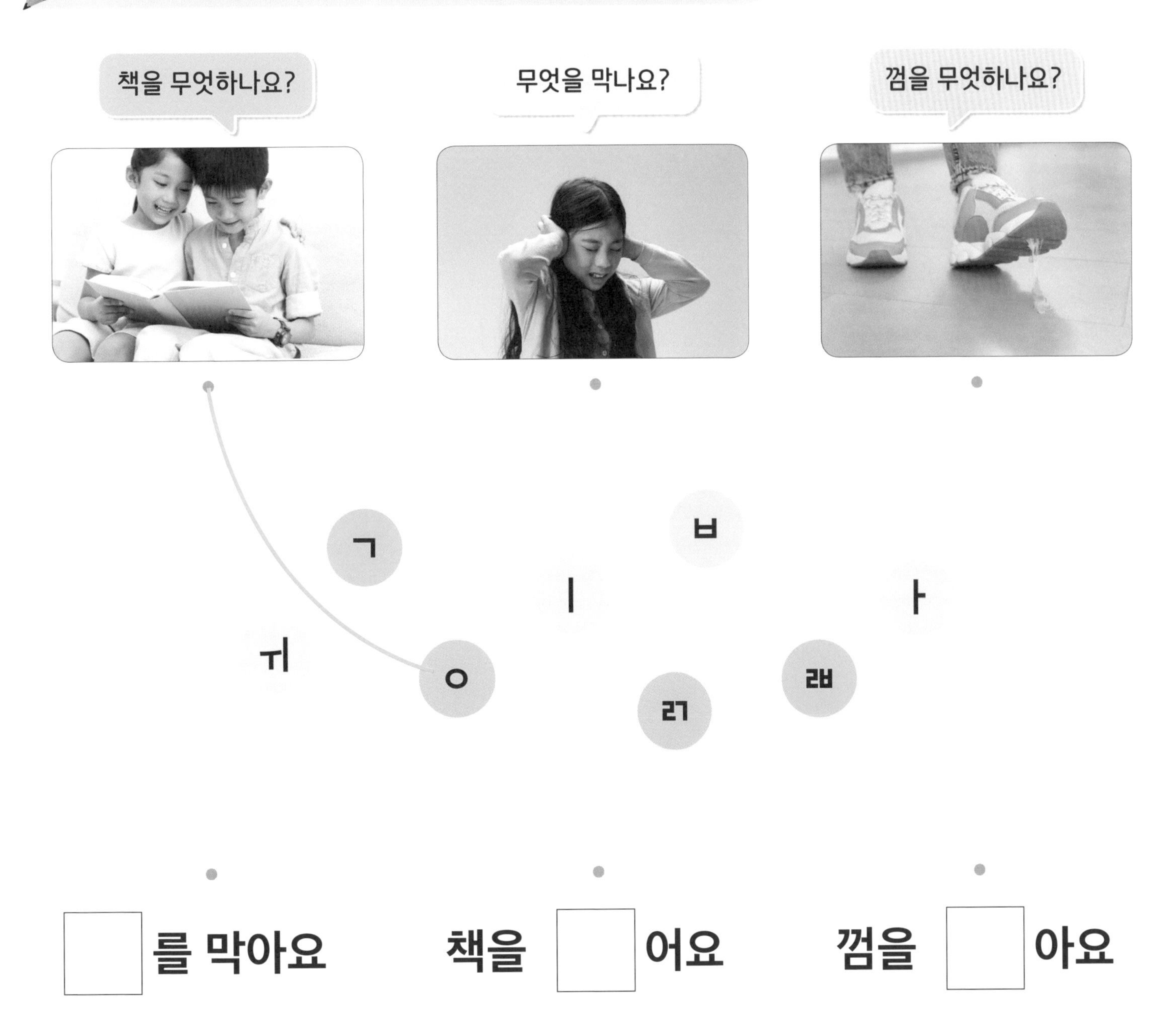

2부

그래도 괜찮아!

한 장 넘기면
이야기가 펼쳐져요

6일

이야기를 듣고 따라 읽기 연습을 해요. ☐

이야기의 내용을 잘 이해했는지 알아보아요. ☐

7일

이야기를 듣고 소리 내어 혼자 읽어요. ☐

복잡한 자모음 쓰기를 연습해요. ☐

8일

천천히 읽으면서 한 문장씩 따라 써요. ☐

9일

새로운 낱말을 배우고 써 보아요. ☐

새로 배운 낱말을 넣어 이야기를 바꿔 써요. ☐

도토리는 어느덧 제법 나무 같아졌어요!
새끼손가락처럼 자그맣던 키가
훌쩍 자랐어요.

하지만 뾰족뾰족 가시풀들 때문에
앞이 잘 보이지 않았지요.

얘들아! 미안하지만 조금 비켜줄 수 없겠니?

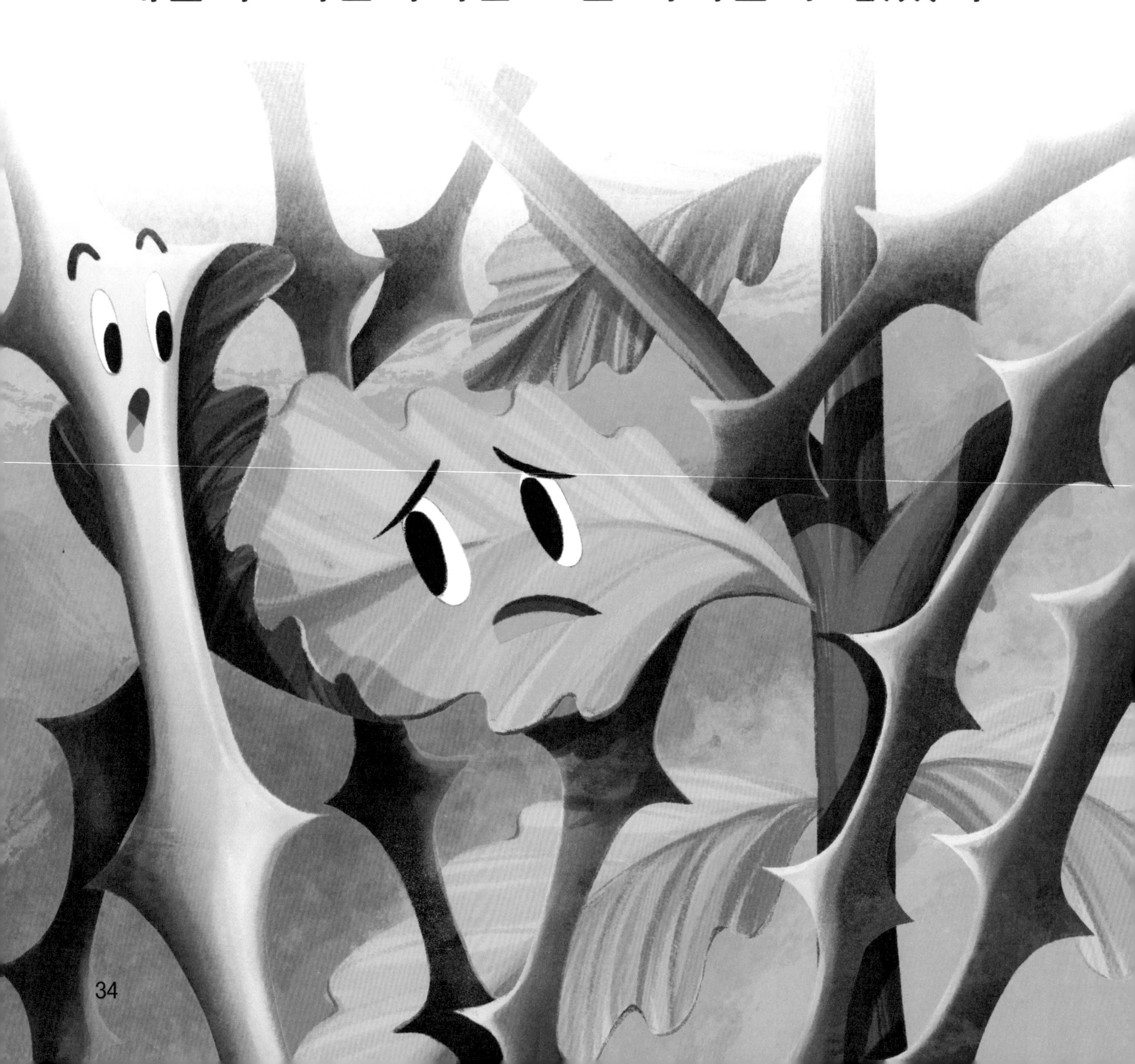

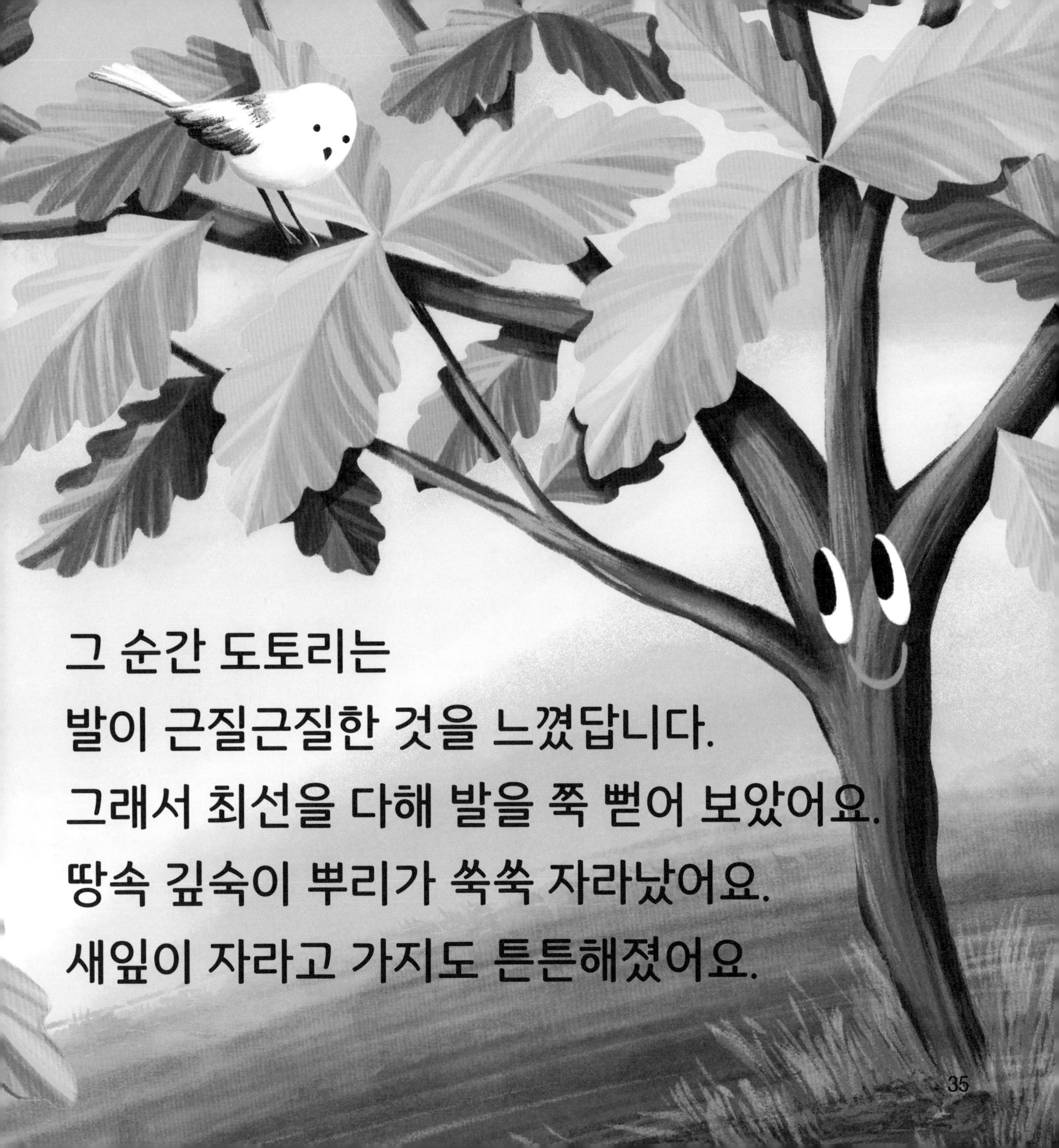

그 순간 도토리는
발이 근질근질한 것을 느꼈답니다.
그래서 최선을 다해 발을 쭉 뻗어 보았어요.
땅속 깊숙이 뿌리가 쑥쑥 자라났어요.
새잎이 자라고 가지도 튼튼해졌어요.

어느 날, 우르르 쾅 천둥 번개가 몰아쳤어요.
도토리는 줄기가 꺾일까 봐 무서워
오들오들 떨었지요.
콜록콜록 지독한 감기로 한참을 앓았고요.

꿋꿋이 버틴 도토리는
어느새 어린나무가 되었답니다.

6일 이야기를 읽고 나서

정답은 44쪽에 있습니다.

내용을 떠올리며 문제에 답해 보세요.

1. 도토리는 무엇 때문에 앞이 잘 보이지 않았나요?

① 

② 

③ 

2. 천둥 번개가 칠 때 도토리의 마음은 어떠했나요?

① 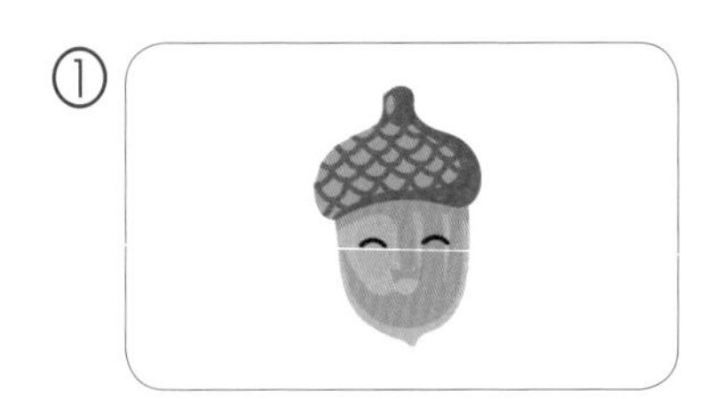

② 

③ 

어린나무 각 부분의 이름을 완성해 쓰세요.

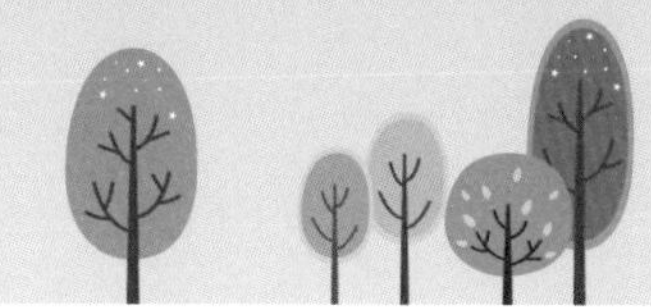

7일 자모음을 연습해요

복잡한 자모음이 들어간 글자를 읽고 써 보세요.

1. ㅐ

ㅑ + ㅣ ㅐ 읽어 보세요 **애**들아

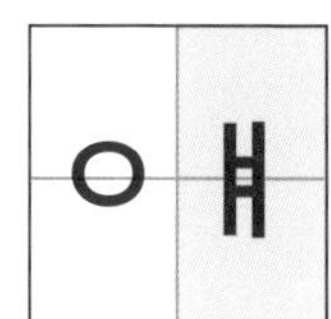
애

연습하기

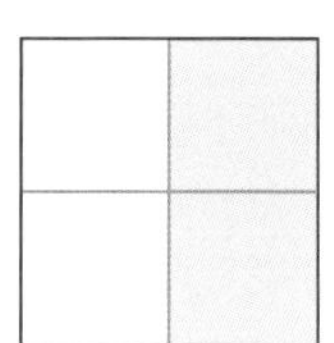 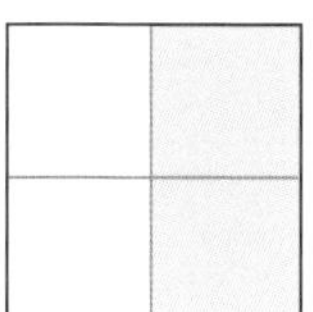 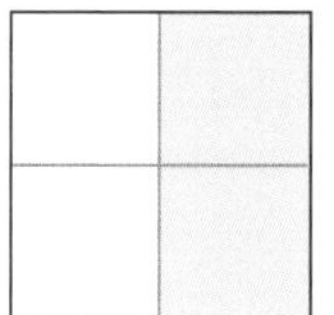 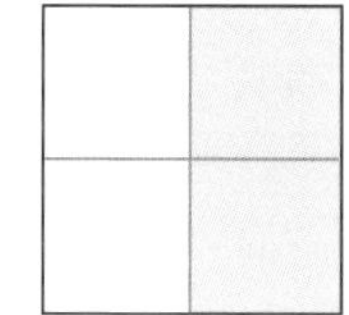

2. ㅚ

ㅗ + ㅣ ㅚ 읽어 보세요 **최**선을 **되**었답니다

최 되

연습하기

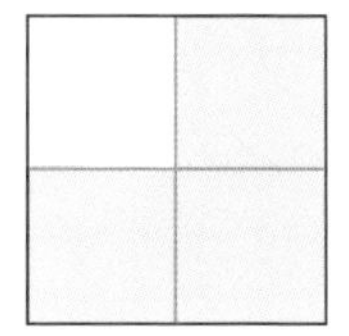 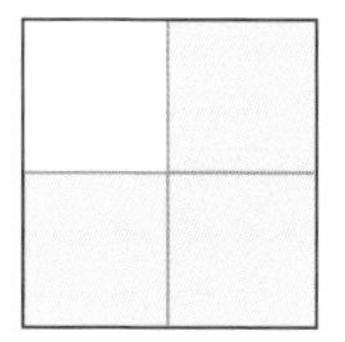 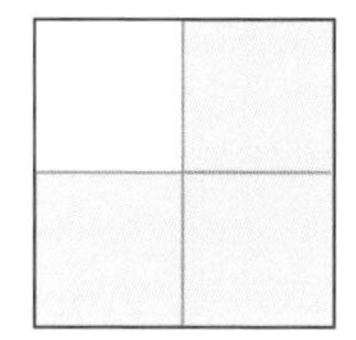 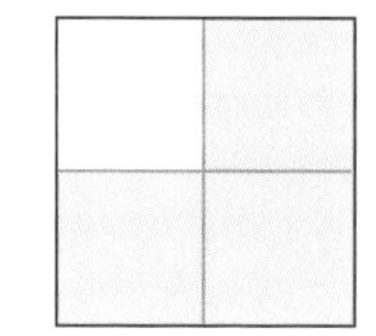

3. ㅝ

ㅜ + ㅓ ㅝ 읽어 보세요 무서**워**

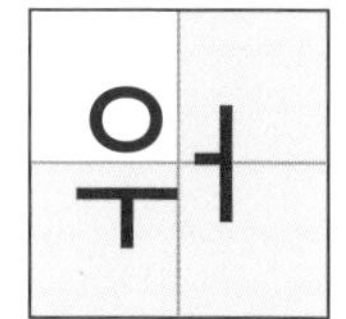
워

연습하기

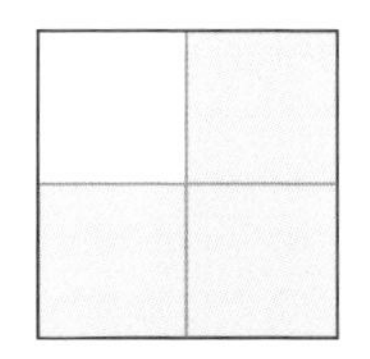 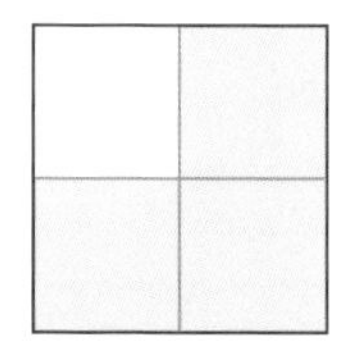 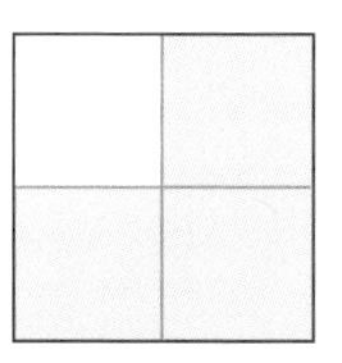 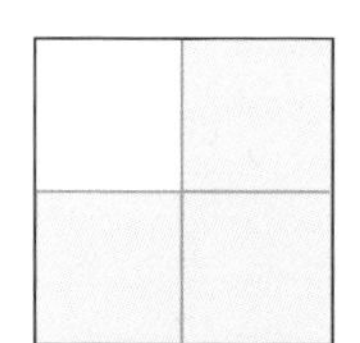

4. 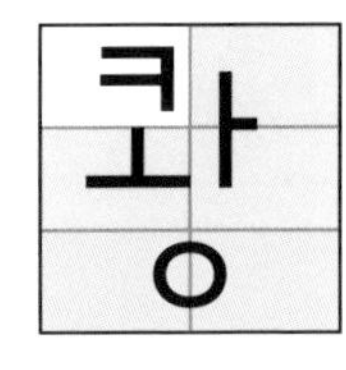

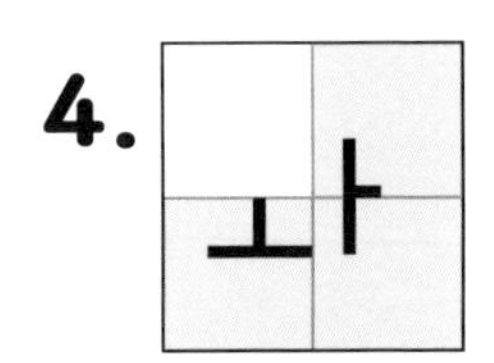
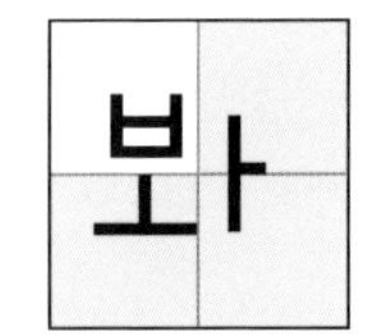

연습하기

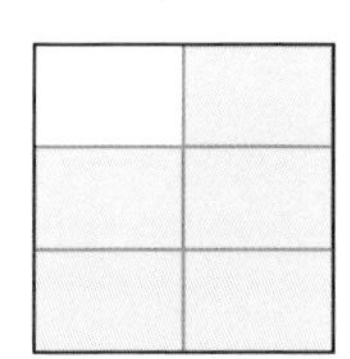
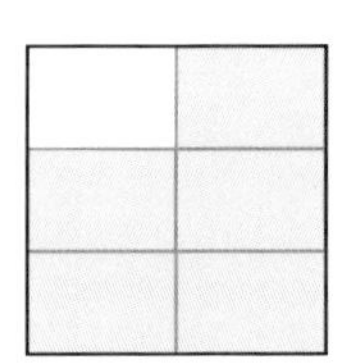
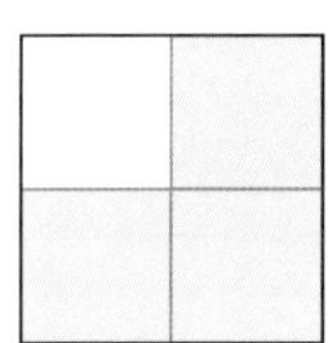
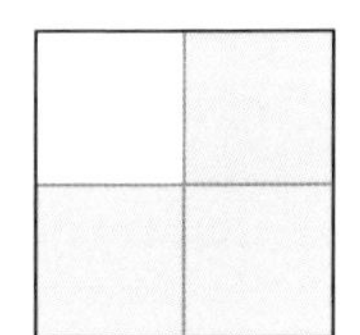

5. 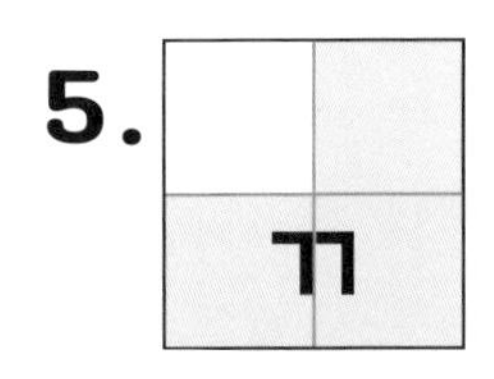

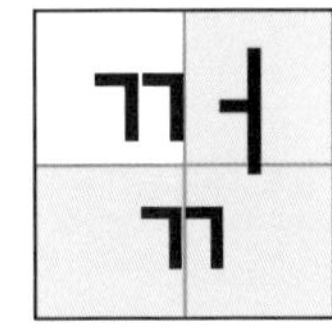

연습하기

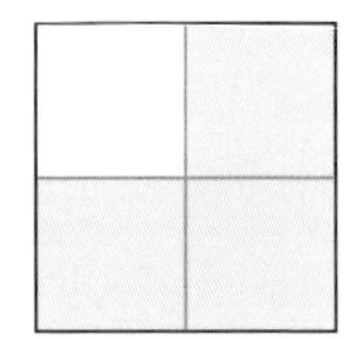
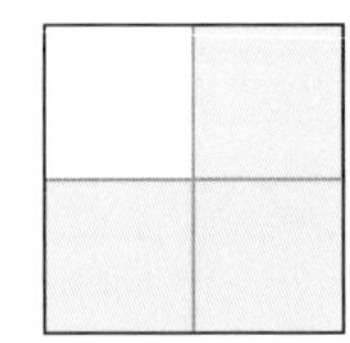
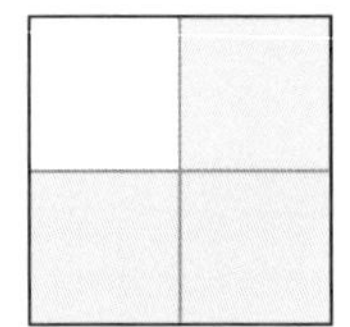
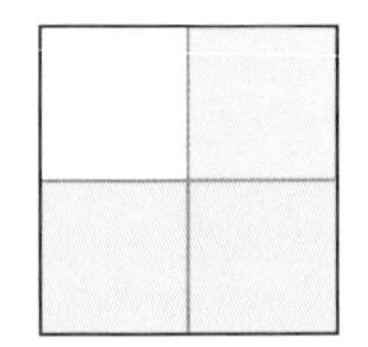

6. 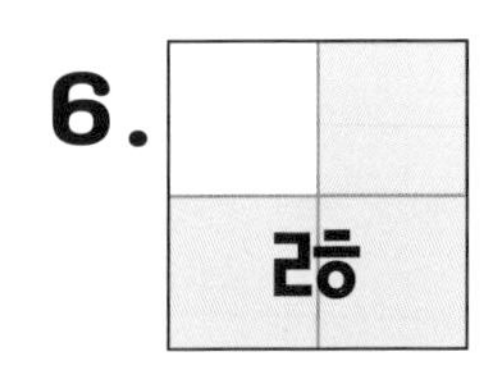
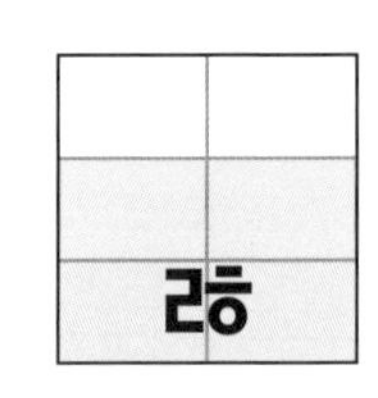

연습하기

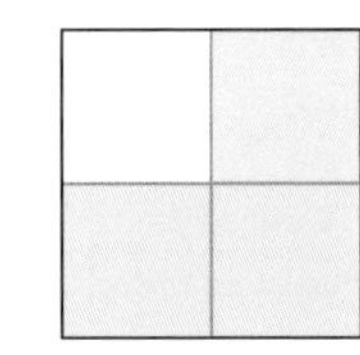
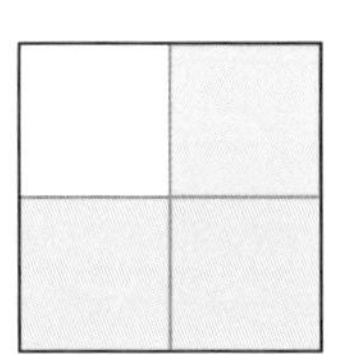
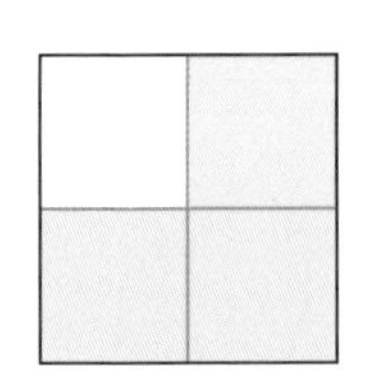

8일 또박또박 써요

천천히 읽으면서 따라 써 보세요.

1. 도토리는 어느덧 제법 나무 같아졌어요!

2. 새끼손가락처럼 자그맣던 키가
훌쩍 자랐어요.

3. 하지만 뾰족뾰족 가시풀들 때문에
앞이 잘 보이지 않았지요.

4. 얘들아! 미안하지만 조금 비켜줄 수 없겠니?

5. 그 순간 도토리는 발이 근질근질한 것을
느꼈답니다.

6. 그래서 최선을 다해 발을 쭉 뻗어 보았어요.

7. 땅속 깊숙이 뿌리가 쑥쑥 자라났어요.

8. 새잎이 자라고 가지도 튼튼해졌어요.

9. 어느 날, 우르르 쾅 천둥 번개가 몰아쳤어요.

10. 도토리는 줄기가 꺾일까 봐 무서워
오들오들 떨었지요.

11. 콜록콜록 지독한 감기로 한참을 앓았고요.

12. 꿋꿋이 버틴 도토리는 어느새 어린나무가
되었답니다.

어려운 글자를 연습해요

6일 문제 정답: 1. ① 2. ② / 가지, 잎, 줄기, 뿌리

ㄱㄴㄷ 오른쪽 '이야기 속 낱말'을 41-43쪽에서 찾아 동그라미해 주세요.

9일 바꿔 쓰기 전에

새로 바꿀 낱말을 읽어 보고 빈칸에 두 번씩 쓰세요.

이야기 속 낱말		바꿔 쓸 낱말
새끼손가락처럼	→	몽당연필처럼
자그맣던	→	짤막하던
뾰족뾰족	→	따끔따끔
근질근질한	→	간질간질한
발을	→	다리를
천둥 번개가	→	폭풍우가
지독한	→	괴로운

잘못 쓴 글자에 X 표시하고 ▢ 안에 바르게 고쳐 쓰세요.

1. 보이지 안았지요 ▢

2. 예들아 ▢

3. 취선을 다해 ▢

4. 발을 쭉 뻗어 ▢

5. 새입이 자라고 ▢

6. 줄기가 꺽일까 봐 ▢

7. 무서와 오들오들 ▢

8. 감기로 한참을 알았고요 ▢

 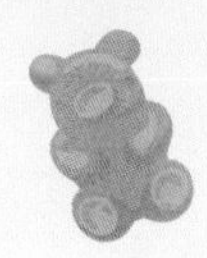 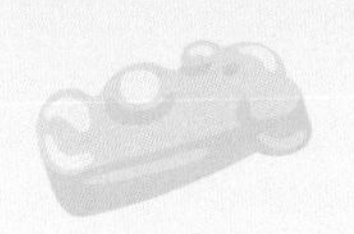  

2부 넓히기

정답은 67쪽에 있습니다.

사진의 상황을 말해 보고, 자모음을 연결해 설명을 완성하세요.

무엇을 먹나요?

물을 무엇하나요?

어디서 노나요?

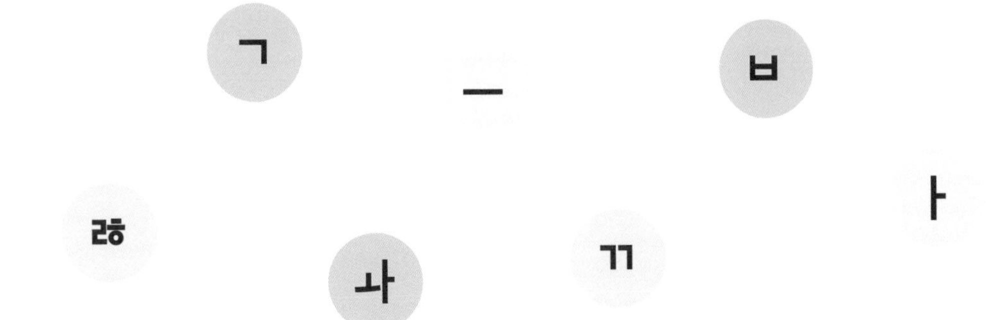

물을 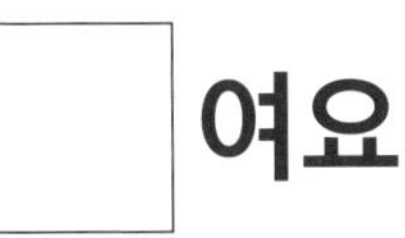 여요

 에서 놀아요

 사 □ 를 먹어요

3부

크게 외치고 싶어!

한 장 넘기면
이야기가 펼쳐져요

11일

이야기를 듣고 따라 읽기 연습을 해요. ☐

이야기의 내용을 잘 이해했는지 알아보아요. ☐

12일

이야기를 듣고 소리 내어 혼자 읽어요. ☐

복잡한 자모음 쓰기를 연습해요. ☐

13일

천천히 읽으면서 한 문장씩 따라 써요. ☐

14일

새로운 낱말을 배우고 써 보아요. ☐

새로 배운 낱말을 넣어 이야기를 바꿔 써요. ☐

어린나무는 무럭무럭 자라났어요.
잔뿌리도 많아지고 줄기도 더 굵어졌어요.

개미와 개미핥기가 나타나 훼방을 놓아도
끄떡없었지요.

봄, 여름, 가을, 겨울 오랜 시간이 흘러갔어요.

야호! 드디어 산꼭대기가 보여요!

도토리나무와 똑 닮은 나무들이 아주 많아요.

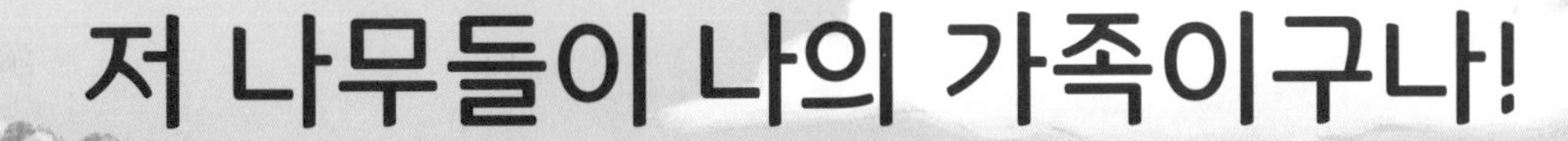

기쁨에 겨운 나무에 꽃눈이 피어났어요.
숲속 친구들이 찾아와 함께 축하해 주었지요.

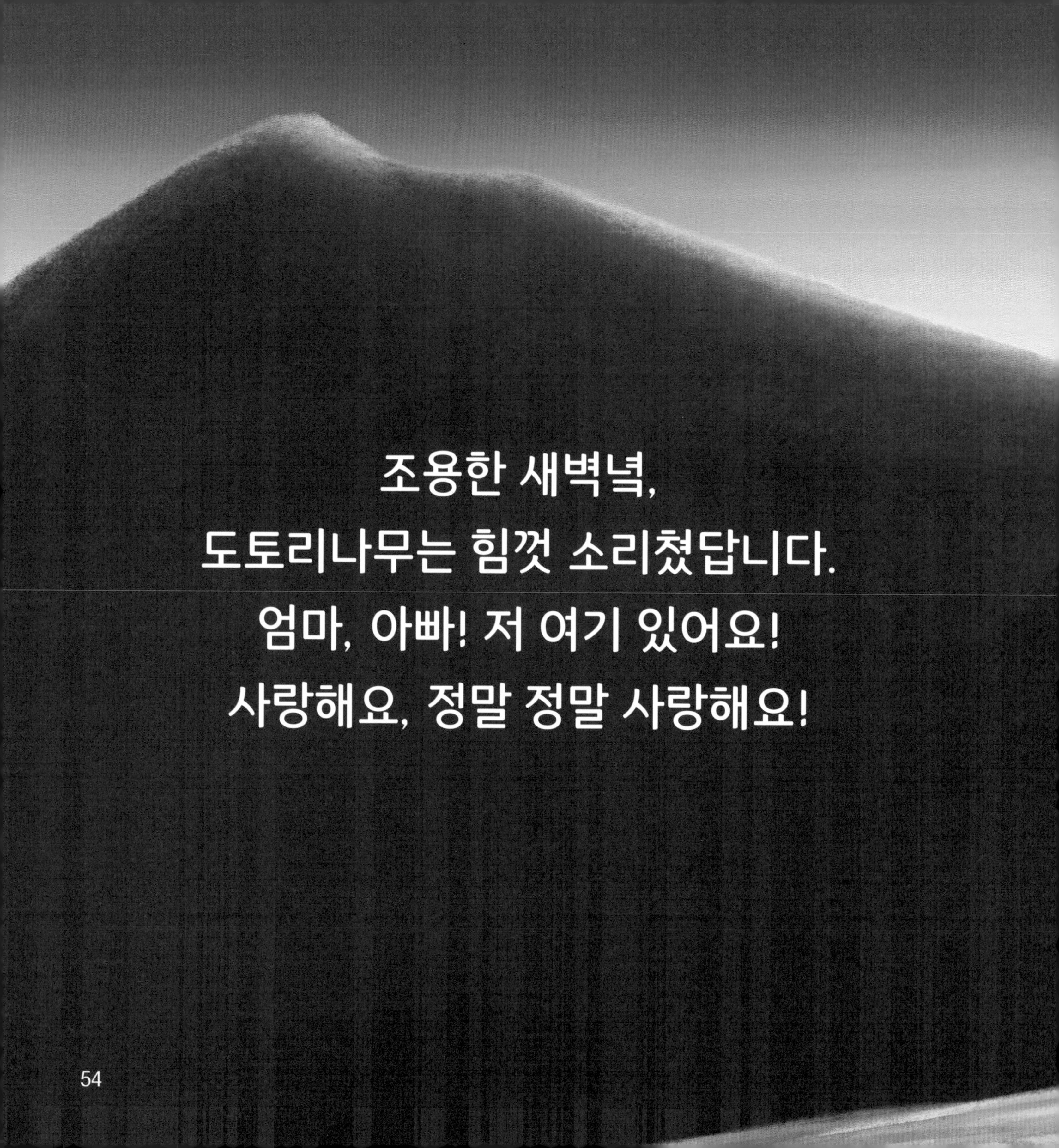

조용한 새벽녘,
도토리나무는 힘껏 소리쳤답니다.
엄마, 아빠! 저 여기 있어요!
사랑해요, 정말 정말 사랑해요!

11일 이야기를 읽고 나서

정답은 62쪽에 있습니다.

내용을 떠올리며 문제에 답해 보세요.

1. 기쁜 도토리나무는 무엇을 만들기 시작했나요?

① 

② 

③ 

2. 도토리나무가 산꼭대기를 향해 크게 외친 때는 언제인가요?

① 

② 

③ 

다시 만난 도토리나무 가족의 행복한 모습을 그려 보세요.

12일 자모음을 연습해요

복잡한 자모음이 들어간 글자를 읽고 써 보세요.

1. ㅞ / 훼

ㅜ + ㅔ ㅞ 읽어 보세요 훼방을

연습하기

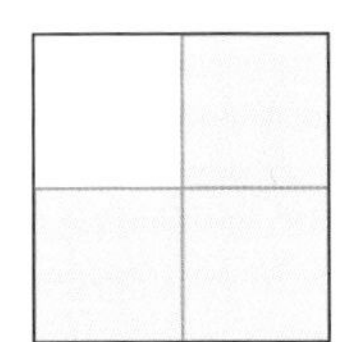 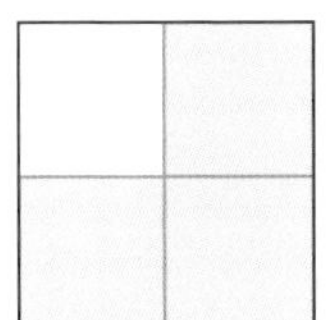 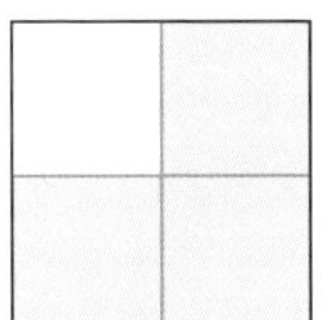 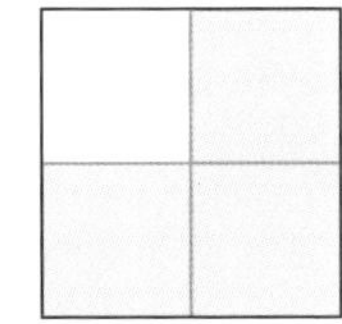

2. 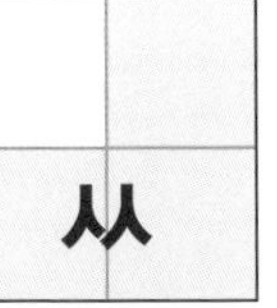 ㅆ / 났

ㅅ + ㅅ ㅆ 읽어 보세요 자라났어요

연습하기

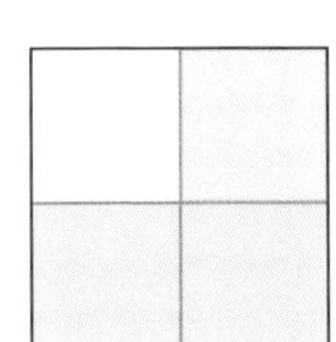 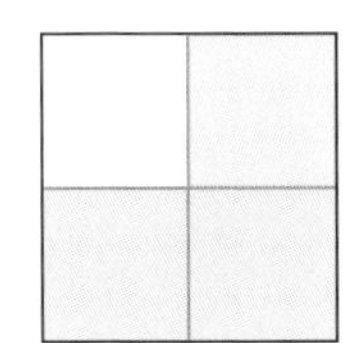 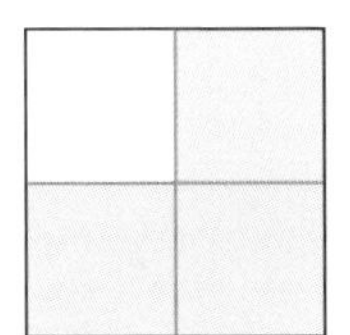 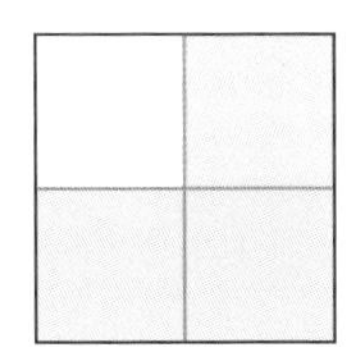

3. ㄶ 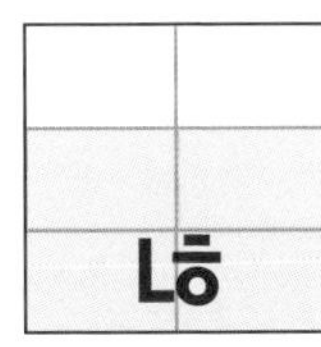 / 많

ㄴ + ㅎ ㄶ 읽어 보세요 많아지고

연습하기

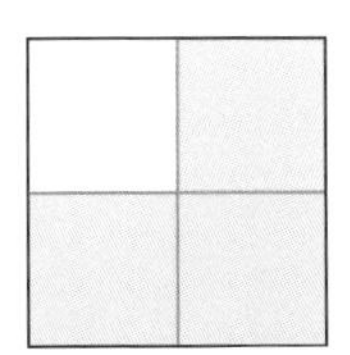 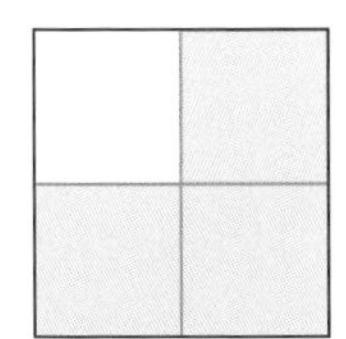 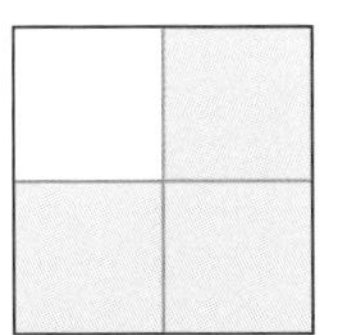 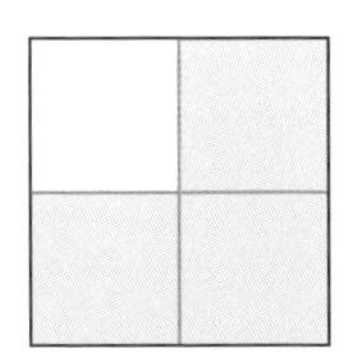

4.
ㄾ
ㄾ
하
ㄾ
ㄹ + ㅌ ㄾ
읽어 보세요 개미핥기가
연습하기
5.
ㅄ
어
ㅄ
ㅂ + ㅅ ㅄ
읽어 보세요 없었지요
연습하기
6.
ㄻ
ㄻ
다
ㄻ
ㄹ + ㅁ ㄻ
읽어 보세요 닮은
연습하기

13일 또박또박 써요

천천히 읽으면서 따라 써 보세요.

1. 어린나무는 무럭무럭 자라났어요.

2. 잔뿌리도 많아지고 줄기도 더 굵어졌어요.

3. 개미와 개미핥기가 나타나 훼방을 놓아도 끄떡없었지요.

4. 봄, 여름, 가을, 겨울 오랜 시간이 흘러갔어요.

5. 야호! 드디어 산꼭대기가 보여요!

6. 도토리나무와 똑 닮은 나무들이 아주 많아요.

7. 저 나무들이 나의 가족이구나!

8. 기쁨에 겨운 나무에 꽃눈이 피어났어요.

9. 숲속 친구들이 찾아와 함께 축하해 주었지요.

10. 조용한 새벽녘, 도토리나무는 힘껏
소리쳤답니다.

11. 엄마, 아빠! 저 여기 있어요!

12. 사랑해요, 정말 정말 사랑해요!

어려운 글자를 연습해요

11일 문제 정답: 1. ③ 2. ①

오른쪽 '이야기 속 낱말'을 59-61쪽에서 찾아 동그라미해 주세요.

14일 바꿔 쓰기 전에

새로 바꿀 낱말을 읽어 보고 빈칸에 두 번씩 쓰세요.

이야기 속 낱말		바꿔 쓸 낱말
개미와 개미핥기가	➡	딱따구리가
나타나	➡	귀찮게
기쁨에 겨운	➡	행복한
친구들이	➡	꿀벌들이
함께	➡	윙윙
힘껏	➡	편지를
소리쳤답니다	➡	썼답니다

15일 3부 다지기

잘못 쓴 글자에 X 표시하고 ☐ 안에 바르게 고쳐 쓰세요.

1. 줄기도 굵어졌어요 ☐

2. 개미할기가 나타나 ☐

3. 홰방을 놓아도 ☐

4. 끄떡업었지요 ☐

5. 도토리나무와 똑 닮은 ☐

6. 아주 만아요 ☐

7. 숩속 친구들이 ☐

8. 함깨 축하해 ☐

3부 넓히기

정답은 68쪽에 있습니다.

사진의 상황을 말해 보고, 자모음을 연결해 설명을 완성하세요.

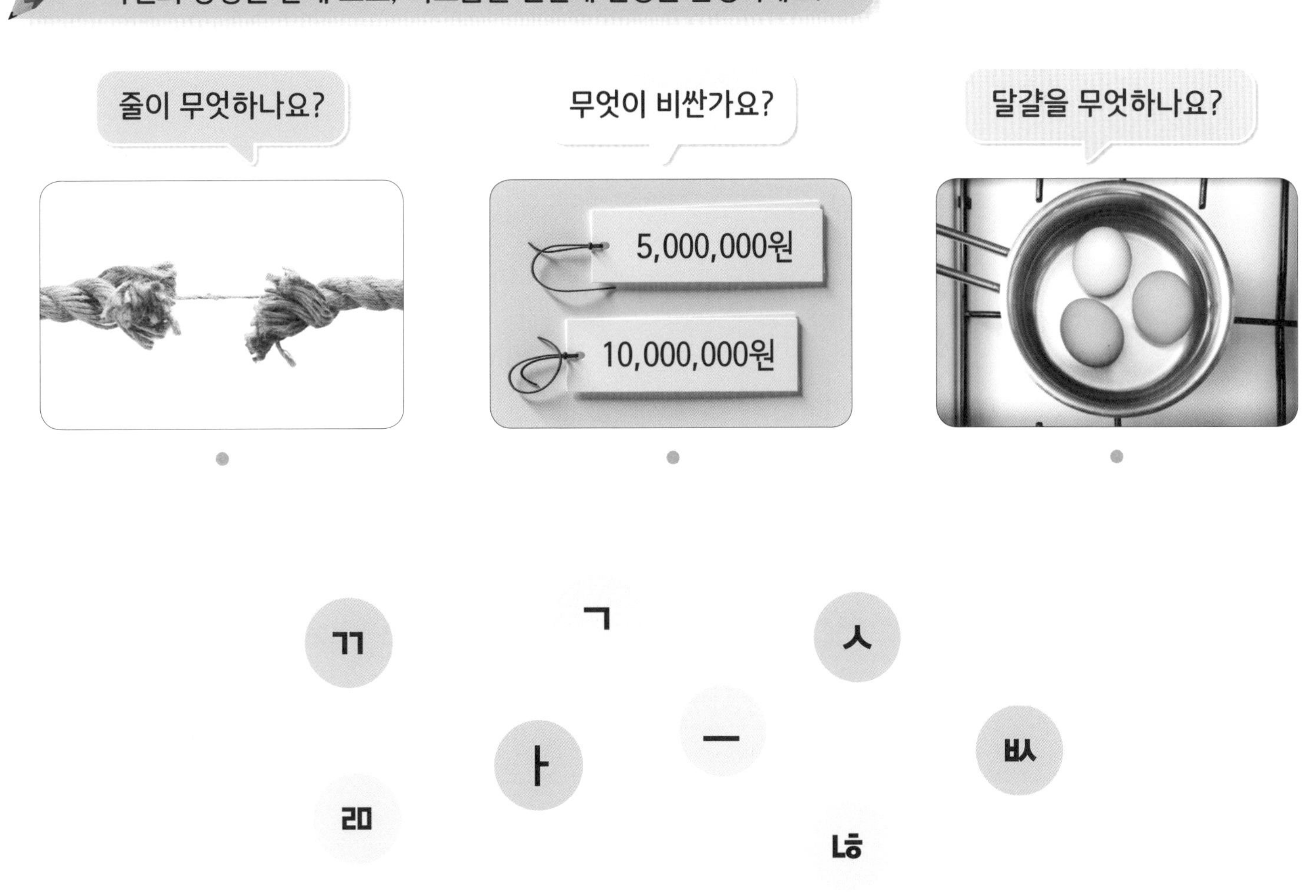

달걀을 ☐ 아요　　줄이 ☐ 어져요　　☐ 이 비싸요

5일차 정답

28쪽

1. 신선한 흑냄새 

2. 기분이 조아졌어요 

3. 무당벌래가 사뿐히 

4. 새싹 외에 앉았어요 

5. 햇빛 바람 곤충 

6. 참 얘뻐 

7. 비를 맛으면서도 

8. 넙어지는 이파리 

29쪽

귀 를 막아요

책을 읽 어요

껌을 밟 아요

10일차 정답

46쪽

1. 보이지 안았지요 

2. 예들아 

3. 취선을 다해 

4. 발을 쭉 뻣어 

5. 새입이 자라고 

6. 줄기가 꺽일까 봐 

7. 무서와 오들오들 

8. 감기로 한참을 알았고요 

47쪽

물을 [끓]여요 [밖]에서 놀아요 사[과]를 먹어요

15일차 정답

64쪽

1. 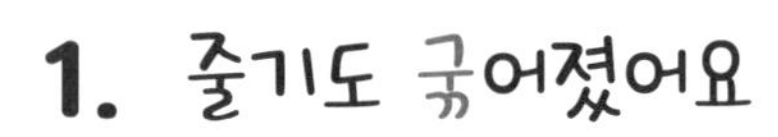

2. 개미할기가 나타나 

3. 홰방을 놓아도 

4. 끄떡업었지요 

5. 도토리나무와 똑 담은 

6. 아주 만아요 

7. 숩속 친구들이 

8. 함깨 축하해 

65쪽

달걀을 [삶] 아요　　줄이 [끊] 어져요　　[값] 이 비싸요

찾아보기

찾아보기

이야기로 쏙쏙 한글 익히기 2

초판 1쇄 발행 2024년 3월 4일

지은이 이슬 | **그린이** 마리브(이나영)
발행처 타임스쿨 | **발행인** 이길호 | **편집인** 이현은
기획 및 책임편집 이호정 | **마케팅** 이태훈·황주희 | **디자인** 민영선, 허문희
제작·물류 | 최현철·김진식·김진현·이난영·심재희

타임스쿨은 (주)타임교육C&P의 단행본 출판 브랜드로 상표 출원을 완료하였습니다.
출판등록 2020년 7월 14일 제 2020-000187호
주소 서울시 강남구 봉은사로 442 75th Avenue 빌딩 7층
전화 02-590-6997 | **팩스** 02-395-0251 | **전자우편** timebooks@t-ime.com | **인스타그램** @time.junior_

ISBN 979-11-93794-04-3(64710)
979-11-92769-64-6(세트)

어린이제품 안전특별법에 의한 기타표시사항
제품명 도서 | **제조자명** ㈜타임교육C&P | **제조국명** 대한민국 | **제조년월** 2024년 03월 | **사용연령** 5세 이상

이야기로 쏙쏙 한글 익히기 2

내가 만드는 이야기책

타임스쿨
Time School

나만의 이야기책, 이렇게 만들어요

4일	2-7쪽에 1부 <처음 만나는 세상>의 본문 이야기 바꿔 쓰기 - **27쪽**에서 새로 배운 낱말이나 내가 원하는 낱말을 넣어서 바꿔 써요. - 내용에 어울리는 그림을 그리거나 가지고 있는 붙임딱지로 꾸며요.
9일	8-13쪽에 2부 <그래도 괜찮아!>의 본문 이야기 바꿔 쓰기 - **45쪽**에서 새로 배운 낱말이나 내가 원하는 낱말을 넣어서 바꿔 써요. - 내용에 어울리는 그림을 그리거나 가지고 있는 붙임딱지로 꾸며요.
14일	14-19쪽에 3부 <크게 외치고 싶어!>의 본문 이야기 바꿔 쓰기 - **63쪽**에서 새로 배운 낱말이나 내가 원하는 낱말을 넣어서 바꿔 써요. - 내용에 어울리는 그림을 그리거나 가지고 있는 붙임딱지로 꾸며요. - **표지**에 이야기의 **제목을 지어서** 써 주고 내 이름도 써요. - **표지**를 마음껏 꾸며서 나만의 이야기책을 완성해요!

______________(이)가 바꿔 쓴 이야기예요.

타임스쿨
Time School

이야기로 쏙쏙 한글 익히기 2

내가 만드는 이야기책

타임스쿨
Time School

이야기로 쏙쏙 한글익히기2

타임스쿨
Time School

타임스쿨

키즈를 위한 알파벳 세트

알파벳의 모양과 소릿값을 차근차근 단계적으로 배워요

1권 알파벳 책으로 문자의 모양을 익히고

2권 알파벳 파닉스 책으로 문자의 모양과 소리를 결합해요!

재미있게 놀다 보면 어느새 나도 수리 추리 논리 박사

몬스터? 공룡? 좋아하는 캐릭터로 골라 봐!